L'ART
DE FAIRE SOI-MÊME
LES
BALLONS AÉROSTATIQUES,

CONFORMES

A CEUX DE M. DE MONTGOLFIER.

Par *M.* PINGERON, *de plusieurs*
Académies.

Prix 1 liv. 4 sols.

A AMSTERDAM,

Et se trouve à PARIS,

Chez HARDOUIN, Libraire, rue des Prêtres
Saint-Germain-l'Auxerrois.

L'ART

DE FAIRE SOI-MÊME

LES

BALLONS AÉROSTATIQUES,

Conformes à ceux de M. de Montgolfier.

COPIE d'une Lettre écrite à Madame la Marquise de Brantes, d'Avignon, le 22 Septembre 1783, sur l'expérience faites le 19 du même mois à Versailles, du Ballon aérostatique imaginé par M. de Montgolfier, d'Annonay en Vivarais, devant leurs Majestés le Roi & la Reine & toute la Famille Royale, entre midi & une heure.

MADAME,

J'AVOIS eu l'honneur de vous promettre que je vous instruirois du succès de l'expérience du Ballon aérostatique,

A

qui devoit fe faire le 19 de ce mois à
Verfailles, fous les yeux de Sa Majefté
& de toute la Famille Royale, dans
la grande cour du Château appelée là
cour des Miniftres (a). Je vais remplir
mes engagemens, avec d'autant plus de
plaifir que j'efpere vous donner, par ma
ponctualité & par mon exactitude, une
preuve du fouvenir que je conferverai
toute ma vie des bontés dont vous &
M. le Marquis votre époux avez bien
voulu m'honorer. Vous faurez donc,
Madame, que dès la veille du jour indi-
qué pour l'expérience, c'eft-à-dire le 18
de ce mois, on avoit conftruit au milieu
de la grande cour une efpece de caiffe
immenfe, de forme quarrée, qui pouvoit avoir dix pieds de hauteur fur

(a) Premiere cour du Château de Verfailles,
ainfi nommée parce que les Miniftres des différens
Départemens occupent les bâtimens qui en for-
ment les deux longs côtés.

environ cent pieds de longueur. Sa partie supérieure, que soutenoit une quantité prodigieufe de chevalets ou bancs de bois, étoit formée par des planches affemblées à *languettes*, pour que la fumée de paille humeétée & celle de tonture de laine, matieres que l'on devoit allumer deffous, ne s'échappât point par les fentes qui auroient eu lieu dans cette efpece de parquet fans cette précaution. Le pourtour ou les côtés de cette caiffe étoient d'une toile affez fine & très ferrée, foutenue verticalement par des piquets applatis, que l'on avoit fait entrer dans des fourreaux ou gaînes de toile, coufus dans toute leur longueur contre la toile qui devoit former l'enceinte.

On avoit pris toutes les précautions convenables afin que la fumée ne pût point fortir entre les côtés de l'encaiffement dont je viens d'avoir l'honneur de vous parler, & fa partie fupérieure:

l'enfemble offroit à la vue une efpece de théâtre. On avoit ménagé, au milieu de ce dernier, une ouverture oɛtogone, aſſez large, ayant environ douze à quinze pieds de diametre, pour laiſſer paſſer la fumée de paille humeɛtée & de laine, dont le Ballon aéroſtatique devoit être rempli.

A droite & à gauche de ce théâtre étoient plantés, vers le milieu de ceux de fes côtés qui étoient paralleles aux ailes du Château, deux grands mâts, que l'on avoit aſſujettis chacun par quatre aubans ou cordages ; de l'un à l'autre de ces mâts étoit paſſée fur une poulie *enchappée*, c'eſt-à-dire montée dans leur partie fupérieure, une corde pour pouvoir foulever le Ballon, au fur & à mefure qu'on le rempliroit de gas ou d'air inflammable, qui n'étoit cependant que de la fumée de paille humeɛtée & de tonture de laine.

Ces difpofitions étant faites, on couvrit avec des toiles le deſſus du théâtre dont je viens d'avoir l'honneur de vous faire la deſcription.

On peut juger, par l'annonce d'un ſpectacle auſſi ſingulier que celui que l'on préparoit, ſi l'affluence des curieux devoit être grande.

Le 19, dès les ſept heures du matin, la grande cour du Château fut remplie de monde. Un cordon de Grenadiers des Gardes-Françoiſes & Suiſſes entouroit l'appareil pour l'expérience : un ſecond cordon de Fuſiliers, tirés des mêmes régimens, formoit une ſeconde enceinte fort éloignée de la premiere : enfin des Grenadiers des deux troupes bordoient la haie le long d'un large paſſage qu'on avoit laiſſé depuis le Château juſqu'au premier cordon de troupes, pour le Roi, la Reine & toute la Famille Royale.

Il ne ſe trouva perſonne ſur le théâtre dont j'ai déja eu l'honneur de vous

parler, ni dans la premiere enceine-
formée par les Grenadiers, que les ouvriers deſtinés à la manœuvre. Ce fut
dans la ſeconde enceinte que ſe placè-
rent les Savans, les Amateurs & toutes
les perſonnes d'un certain rang des deux
ſexes.

Vers les dix heures du matin, une
voiture du garde-meuble de la Cou-
ronne, attelée de trois chevaux, amena
le Ballon, qui étoit d'une belle toile
de coton bleu-de-roi, ſur laquelle on
avoit peint en jaune des chiffres de
notre auguſte Monarque, des feſtons,
des fleurs de lis. Dans l'état où ce Ballon
fut *hiſſé*, c'eſt-à-dire enlevé de la voiture & porté ſur le théâtre, il reſſem-
bloit à un ſac immenſe, qu'on avoit
enveloppé dans des tentes ou groſſes
toiles, pour obvier aux accidens qui
pouvoient lui arriver pendant le tranſ-
port.

La Cour s'étant placée, vers les onze

heures & demie, dans les endroits qu'on lui avoit préparés pour qu'elle vît l'expérience d'une certaine diftance, on attacha le Ballon, ou plutôt le vafte fac qui devoit le former, à un anneau qui étoit fixé à fa partie fupérieure ; au moyen des deux mâts & de la corde qui paffoit de l'un à l'autre fur des poulies, des hommes l'éleverent abfolument vuide jufqu'à une certaine hauteur. Ce fut alors qu'on développa ce fac & furtout cette toile qui formoit une manche ou tuyau vers fa partie inférieure, & que l'on appliqua exactement les bords de cette manche contre l'ouverture octogone qui étoit au milieu du théâtre. Le refte du fac étoit fi large qu'il couvroit prefque entiérement ce dernier.

Toutes les précautions imaginables furent prifes pour que la fumée ne pût trouver d'autre iffue que par la manche dont je viens de parler, pendant le cours de l'expérience. On apporta enfuite un large trépied de fer, reffemblant par le haut à une corbeille circulaire, fous la grande ouverture ménagée au milieu du théâtre : cette corbeille fut remplie de menu bois , & l'on forma autour d'elle un grand tas de paille humectée.

Les chofes refterent pendant quelque temps dans cet état. Monfeigneur le Comte d'Artois vint le premier examiner ces différentes difpofitions , avec les Seigneurs & les perfonnes de fa fuite. Monfieur arriva le fecond avec un pareil cortege. Ces deux Princes entrerent fous le théâtre, s'informerent de toutes les opérations que l'on alloit faire, & des procédés que l'on alloit mettre en ufage. Le véritable Inventeur, M. de Montgolfier, eut l'honneur & la fatisfaction de les leur expliquer. Ces Princes étant retirés, le Roi, la Reine, fuivis de toute la Cour & accompagnés par un détachement des Gardes-du-Corps & des Cent-Suisses, vinrent à pied du Château & examinerent tous les préparatifs pour l'expérience, avec la plus scrupuleuse attention. Leurs Majestés entrerent même sous le théâtre, & s'instruisirent des plus petits détails. Leur curiosité ayant été satisfaite par l'explication que M. de Montgolfier eut l'honneur de leur faire de tous ses procédés, elles remonterent au Château avec toute la Cour. Le Roi alla entendre la Messe, pendant que M. de Montgolfier devoit donner les ordres nécessaires aux différens ouvriers. La Messe étant finie, Sa Majesté se plaça sur le grand balcon avec plusieurs Seigneurs ; la Reine étoit alors sous une vaste tente, avec les principaux Seigneurs & Dames de la Cour, sur la terrasse qui est au-dessus du pavillon du Château, & qui est à gauche le plus près de la cour de marbre.

Tout paroiſſant diſpoſé pour l'expérience, le Roi donna le ſignal & l'on tira
une boîte. On mit alors le feu à la paille
humeᶜtée, & l'on vit avec ſurpriſe la
fumée qui devoit en ſortir, monter dans
la capacité du ſac par la manche dont
j'ai déja eu l'honneur de vous parler.
Comme cette fumée ne pouvoit avoir
d'autre iſſue, par les précautions ſcru-
puleuſes qui avoient été priſes, & que
l'air qui paſſoit entre le pavé & les toiles
qui formoient les *murs* (*a*) du théâtre,
l'obligeoit encore à monter, comme
dans le fourneau de réverbere, on vit
dans l'eſpace de dix minutes cet immenſe
ſac bleu, qui n'avoit aucune forme dé-
cidée & qu'on ſoulevoit & développoit
peu-à-peu, devenir un Globe d'azur,
ayant 48 pieds de diametre.

(*a*) Mur ou muraille, expreſſion conſacrée,
quoique improprement, pour déſigner les côtés
des tentes militaires.

La furprife égala le plaifir que ce fpeɛtacle nouveau, quoique très naturel, procura à tous les fpeɛtateurs. On fe regardoit les uns les autres, on admiroit cet énorme Ballon, & des battemens de mains long-temps prolongés prouverent à M. de Montgolfier combien on étoit fatisfait de fa découverte, & l'augure favorable que l'on avoit de fon iffue. Le nombre des affiftans pouvoit monter à 120 ou 130 mille ames.

On attacha enfuite des poids à de longues cordes, qui pendoient autour de l'ouverture inférieure de la manche qui terminoit le Ballon, & une cage de bois dans laquelle on avoit renfermé un mouton, un coq, un canard & une botte de foin. On joignit à cette cage un barometre bien empaqueté.

M. de Montgolfier donna le fignal, & l'on tira une feconde boîte, pour avertir qu'au bruit de la troifieme il falloit laiffer échapper le Ballon, que le vent qui s'élevoit commençoit un peu à contrarier, puifqu'il renverfa fix ouvriers. Vous remarquerez, Madame, que les poids qu'il devoit enlever avec lui fervoient à le *lefter*, fi l'on peut fe fervir de cette expreffion, & empêcher qu'il ne tournât fur lui-même. Enfin les animaux renfermés dans la cage devoient faire connoître fi l'air qu'ils auroient refpiré à une hauteur prodigieufe, eût été fuffifant pour entretenir leur vie en empêchant la raréfaction de leur fang dans les poumons, & par ce moyen la rupture des vaiffeaux fanguins qui abondent dans cet organe. Enfin le barometre avoit pour objet de faire connoître l'état de l'atmofphere au-deffus de la baffe région de l'air. Tout cet appareil de poids, de cage, de mouton, de coq, de canard, de botte de foin & de barometre pefoit environ fix cents livres.

La troifieme boîte ayant été tirée d'après le fignal qui fut encore donné par M. de Montgolfier, on lâcha tout-à-coup le Ballon, qui s'éleva auffi-tôt majeftueufement dans les airs, d'abord verticalement jufqu'à une hauteur confidérable; le vent de nord-oueft étant devenu affez fort, il fut obligé de céder & de fe laiffer entraîner en montant cependant toujours un peu par une direction oblique. Dans l'intervalle de 25 fecondes, ce Globe étoit déja à une grande demi-lieue du Château de Verfailles, & avoit une vîteffe qui lui auroit fait parcourir en ligne droite foixante-douze lieues par heure. Les fpectateurs ne le perdoient point de vue. Malheureufement la preffion de l'air *ambiant*, c'eft-à-dire de l'air qui environnoit le Ballon, fut fi forte que ce Globe creva par fa partie fupérieure: cet air agiffoit fur la fumée dont ce dernier étoit rempli, pour reprendre fon équilibre que celle-ci avoit détruit ; & ce tout preffoit fortement contre l'hé-mifphere fupérieur du Ballon. La fumée s'échappant donc par cette fente, le Globe aéroftatique defcendit affez rapidement, & alla tomber fur des arbres qui bordent le chemin qui paffe fur la hauteur de Vaucreffon, au Carrefour-Maréchal. On y accourut auffitôt : & les zélés rapporterent à leurs Majeftés que les animaux étoient encore vivans ; que le mouton mangeoit même fon foin ; mais que le coq avoit le bec caffé, vraifemblablement par l'effet du roulis, ou parce que cet oifeau, dont la vue eft très perçante, aura été encore effrayée, & fe fera agité dans la cage au point de fe brifer la tête contre les barreaux ; que le barometre n'avoit aucun mal ; enfin que les dommages arrivés au Ballon pouvoient fe réparer facilement.

Le Roi, la Reine, les Princes & Princeffes du Sang & toute la Cour

furent très satisfaits ; & les longs battemens des mains des spectateurs annon-
cerent la joie générale. M. de Montgolfier eut l'honneur d'être présenté au
Roi, qui lui fit l'accueil le plus distingué ;
ensuite à la Reine & à toute la Famille
Royale, qui le féliciterent du succès
qui venoit de couronner son expérience. M. de Montgolfier alla enfin
dîner chez M. le Contrôleur-Général,
avec plusieurs Académiciens & différens Amateurs de Physique d'un ordre
distingué.

M. de Montgolfier est un homme
d'une taille assez avantageuse, & entre
deux âges : il étoit vêtu de noir,
& paroissoit donner ses ordres, pendant le cours de l'expérience, avec
le plus grand sang-froid. La sévérité
de son visage & sa tranquillité parois-
soient annoncer la certitude où étoit
cet habile Physicien du succès de
son expérience. Il n'y a personne de

plus modeſte que M. de Montgolfier.

Ne croyez point, Madame, que ſa découverte, que l'on peut regarder pour le moment comme un enfant qui vient de naître, mais dont on fera dans la ſuite les plus utiles applications, ſoit le pur effet du haſard, & qu'elle ſoit due ſimplement au concours heureux des circonſtances. Non, Madame : c'eſt le réſultat d'un grand nombre de ré-flexions ſur la nature des diverſes eſpeces d'airs, connus des Phyſiciens ſous différens noms. Les occupations de M. de Montgolfier lui ont laiſſé aſſez de temps pour ſuivre ſes goûts pour la Phyſique, la Chymie & l'Hiſtoire na-turelle. Bel exemple à citer pour ces perſonnes d'un rang diſtingué qui, ayant tout le temps néceſſaire pour cul-tiver les Sciences, les Belles-Lettres ou les Beaux-Arts, paſſent leur vie dans la plus grande oiſiveté, & portent l'ennui qui les obſede dans tous les cercles.

On

On affure qu'il y avoit huit cents aunes de toile employées dans le Ballon, & qu'elle coûtoit quarante fols l'aune. Les précautions qui furent prifes pour que ce Globe ne crevât point en le rempliffant (a), & pour le remplir peu-à-peu de fumée fans qu'il fe brûlât ou fe déchirât, étoient auffi fimples qu'in-génieufes. MM. des Menus-plaifirs du Roi s'étoient chargés de tous ces détails, & méritent les plus grands éloges. Ce n'eft point à moi, Madame, à louer ici M. de Montgolfier; la renommée, c'eft-à-dire la voix publique, s'eft déja chargée de ce foin, & nos battemens de mains ont été l'efpece d'écho qui a répondu à fon éloge.

(a) Le Ballon étoit divifé en trois zônes : les lés de toile de la zône fupérieure qui compofoient une calotte, étoient coufus horizontalement pour oppofer plus de réfiftance, & les autres lés étoient verticaux. Cette difpofition m'a paru très fage & très bien imaginée.

B

J'aurai l'honneur de vous obferver, Madame, que le Ballon aéroftatique dont je viens de voir faire ici l'effai n'eft point monté auffi haut ni auffi rapidement que celui dont M. Charles, Profeffeur de Phyfique expérimentale, fit l'épreuve le 27 du mois d'Août dernier, dans le Champ-de-Mars à Paris. Cela devoit être ainfi pour différentes raifons : la premiere, c'eft qu'il étoit moins gros & qu'il avoit par conféquent un volume d'air moins confidérable à déplacer. Ce Ballon étoit à celui de M. de Montgolfier, comme 1728 eft à 110592, le premier ayant 12 pieds de diametre, & le fecond 48 ; les fpheres étant entre elles comme les cubes de leurs diametres. Que ce langage ne vous effraie point, Madame ; les fciences que cultive avec fuccès M. le Marquis votre époux lui fourniront facilement les moyens de vous le rendre intelligible ; je m'écarterois un peu trop de mon fujet, fi je voulois remplir ici cette tâche. La feconde raifon eft que le Ballon de M. Charles étoit rempli de ce gas ou air inflammable que l'on retire d'après les procédés découverts en Angleterre par M. Cavendish, de la diffolution de la limaille d'acier ou de celle du zinc par l'acide vitriolique ou huile de vitriol, & par l'acide marin à volonté. Or ce gaz eft dix fois plus léger que l'air atmofphérique, c'eft-à-dire l'air que nous refpirons. La fubftance aériforme, que l'on appellera auffi gas, dont s'eft fervi M. de Montgolfier, n'étoit au contraire que de la fumée de paille humectée & de laine, qui pefe deux fois & demie moins que l'air commun. Si l'on fuppofoit maintenant que les deux Globes euffent été de même diametre, celui de M. Charles devoit monter près de cinq fois plus vîte que le Ballon de M. de Montgolfier.

Toute la Cour & tout Paris ne parlent que de ces ingénieuses machines ; de nouveaux Persées, sans redouter le fort d'Icare, se proposent déja d'aller par la route des airs délivrer de nouvelles Andromedes, n'ont point enchaînées à des rochers battus des vagues, mais détenues dans des cloîtres par la jalousie. Des chars supportés par des Ballons aérostatiques viendront prendre ces belles captives lorsqu'elles seront à la promenade sur les terrasses des tours les plus élevées, sur les plate-formes des donjons, au milieu de leurs vieilles surveillantes. C'est alors que ces méchantes & jalouses gardiennes auront la certitude bien acquise que l'on peut-être enlevé jusqu'au troisieme ciel. Belles leçons pour les jaloux, grandes espérances pour les victimes de leurs odieux caprices !

On se procure aujourd'hui à Paris des Ballons aérostatiques plus ou moins gros, auxquels il a plu de donner le

nom scientifique de *minimum*, pour le
prix de six liv. de trois liv. & même de
quarante sols. Ils sont faits d'une matiere
si légere, que des Globes de 30 pouces
de diametre ne pesent qu'une once &
un gros. Les fuseaux dont ils sont com-
posés, sont tirés de cette membrane
appelée *baudruche*, qui tapisse intérieu-
rement les intestins des bœufs, & dont
on tire ces feuilles si minces, si dia-
phanes & si fortes en même temps,
entre lesquelles les batteurs d'or pré-
parent leurs feuilles d'or. On trouve
dans plusieurs Livres de Géographie,
notamment dans le Traité de l'usage
des Globes, par Bion, un gros volume
in-8°. (*a*), dans les Institutions

(*a*) Cet Ouvrage se vend à Paris, chez Jom-
bert, l'aîné, rue Dauphine, où l'on trouve les
vies des Architectes anciens & modernes, avec
la notice raisonnée des plus beaux monumens qu'ils
ont fait construire. 2 vol. *in*-12. très gros, par
M. Pingeron. On voit dans ce Livre l'histoire

géographiques , par M. Robert de Vaugondy , 1 vol. du même format , & dans le Dictionnaire univerfel des Arts & des Sciences, au mot *Globe* , la maniere de tracer les fufeaux dont on forme les Globes terreftres & céleftes.

On colle les fufeaux deftinés à faire des Ballons aéroftatiques, avec de la colle de poiffon, ou de la colle à bouche. La premiere eft la meilleure. On en enduit très légérement avec un pinceau de petites bandes tirées des membranes dont je viens de vous entretenir, & l'on pofe fur ces bandes les deux bords des fufeaux qui doivent fe toucher. Il eft facile de voir qu'il faut fe fervir d'une forte de moule , ayant la forme d'une calotte, pour monter ces Globes fi légers & faciliter

abrégée de l'Architecture, avec la maniere de conftruire toutes les efpeces de modeles en bois, en carron & en talc.

la réunion des fuſeaux dont ils ſont formés. Ces fuſeaux aboutiſſent à un tuyau de plume, par lequel on tranſvaſe l'air inflammable. Cette opération étant faite, on étrangle le Ballon ou veſſie avec un fil au-deſſus du tuyau de plume pour empêcher l'air de ſortir.

Quant à l'air inflammable dont on les remplit lorſqu'ils ſont ſecs, il faut uſer de précaution pour l'inſinuer dans ces Ballons, parce que cette ſubſtance ſi légere, que les Anglois appellent *fire-damp* ou vapeur de feu, eſt un véritable poiſon. La nature la produit dans les mines, ſur-tout dans celles de charbon de terre, où venant quelquefois à s'enflammer ſubitement, elle ſuffoque & tue les mineurs. L'air inflammable ſe tire encore des marais, comme le prouvent les feux follets, & des ſubſtances animales en putréfaction, comme on le conjecture par

B iv

ces petites flammes bleuâtres (a) qui paroiffent pendant les nuits d'été fur certains cimetieres, & qui ont accrédité les fables des revenans.

M. le Chevalier Volta, Membre du Mufée de Paris, a fait de très jolies expériences fur l'air inflammable que l'on retire des marais en enfonçant une canne dans la vafe qui les environne, & recevant la vapeur qui s'exhale des ouvertures que l'on vient de faire, dans un entonnoir renverfé qui communique avec une bouteille prefque remplie d'eau. Cet air ou cette vapeur paffe au travers de l'eau en forme de bulles, & va occuper l'efpace qui refte vuide dans la bouteille.

_____

(a) Les feux de S. Elme, connus dans l'antiquité fous les noms de Caftor & Pollux, qui paroiffent fur les mâts & fur les vergues & les cordages des vaiffeaux après les grandes tempêtes, pourroient bien être de la même nature.

Feu M. le Docteur Pringle , Préfi-
dent de la Société royale de Londres ,
nous apprend , Madame , dans le dif-
cours qu'il prononça en 1772 , à la
rentrée publique de cette favante affo-
ciation , pour rendre compte du travail
de M. Prieftley fur les différentes efpeces d'air (*a*), les faits fuivans. (Je vais
traduire littéralement cet article.) « Il
» y a 40 ans (M. Pringle écrivoit en
» 1772) que M. James Lowther , Ba-
» ronnet, favorifa la Société d'un détail
» circonftancié , *an account fomewhat*
» *more particular*, de cette fubftance
» aériforme , qui fe trouve dans les
» mines de charbon de terre qu'il pof-
» fede dans le Duché de Cumberland.
» Il l'accompagna de plufieurs veffies ,
» *feveral bladders*, remplies de cet air.
» Ce fluide s'enflamma dans la falle
» avec autant de facilité, qu'il l'auroit

_____

(*a*) L'air fixe , l'air inflammable & l'air nitreux.

» fait dans la mine un mois auparavant
» lorfqu'il y fut puifé. Cette fubftance
» extraordinaire fut plutôt regardée com-
» me un objet de curiofité, que comme
» la matiere & le fujet des plus favantes
» recherches des Phyficiens, jufqu'au
» moment où M. Cavendish commença
» à faire des expériences fur elle. Par les
» conféquences qu'il tira de ces dernie-
» res, il ajouta une branche confidé-
» rable à la doctrine des fluides aéri-
» formes, c'eft-à-dire ceux qui tiennent
» de la nature de l'air.

» M. Cavendish fut le premier qui
» enfeigna la maniere de tirer à fa vo-
» lonté une très grande quantité de
» ce fluide conftamment élaftique de
» la diffolution de ces trois corps mé-
» talliques, le fer, l'étain & le zinc, par
» l'acide vitriolique ou par l'acide marin.
» Ce Savant fit voir que cet air factice
» étoit finguliérement léger, *furprifingly*,
» ne pefant que la dixieme partie de

» l'air commun. C'eſt pour cette raiſon
» qu'il diffère abſolument de l'air mé-
» phitique, autre eſpece d'air faĉtice qui
» eſt beaucoup plus lourd que l'air at-
» moſphérique (a). Enfin M. Cavendiſh
» a fait pluſieurs expériences ſur l'inflam-
» mabilité de différens mélanges de
» gas avec l'air commun, qui ſont
» également nouvelles & exaĉtes. M.
» Prieſtley a fait à ſon tour de nouvelles
» recherches ſur cette même eſpece d'air,
» & a perfeĉtionné la découverte de M.
» Cavendiſh. Ce Phyſicien a fait voir

(a) On reconnoît la préſence de l'air méphitique
ou fixe dans les cavernes, dans les mines, dans
les foſſes d'aiſance, où il eſt connu ſous le nom
de *plomb*, par la facilité avec laquelle un flambeau
s'y éteint. Cet air tue les animaux que l'on y
plonge, comme on le voit à la grotte du chien
près de Naples, où regne une *moffeta* ou un mé-
phitiſme perpétuel. On n'a pas le même moyen
pour reconnoître l'air inflammable, car il prendroit
feu ſur le champ.

» que l'air inflammable étoit miscible
» avec l'eau, & a enseigné la maniere
» de le priver de son inflammabilité.
» La comparaison qu'il en a faite avec
» les autres especes d'air, l'a conduit à
» présumer que le gas pourroit bien
» servir de conducteur au fluide élec-
» trique, & que cet air différoit absolu-
» ment des autres substances aériformes».

Voilà, Madame, en peu de mots,
l'histoire de l'air inflammable, jusqu'au moment où M. de Montgolfier
a imaginé le premier de le renfermer
dans de simples vessies, présumant avec
raison qu'il les enleveroit dans l'air
commun, comme une boule de liége
s'éleve sur l'eau d'un bassin dans lequel
on l'auroit plongée.

On ne peut sans injustice lui refuser
la gloire de cette découverte, ou plutôt
de cette application d'une des propriétés
de l'air inflammable, savoir, sa grande
légéreté. Quoique jusqu'ici cette décou-

verte n'offre qu'un simple délassement, elle peut cependant devenir un objet très important, comme j'ai déja eu l'honneur de vous le faire remarquer. On pourra, par exemple, mettre de l'artifice dans une cage pareille à celle où l'on a renfermé le mouton, & y adapter une très longue meche d'ama- dou, à laquelle on mettroit le feu dans l'instant où le Ballon prendroit son vol. Ce Globe seroit déja parvenu à une hauteur très considérable , lorsqu'on verroit tout-à-coup partir, pendant une nuit obscure, un artifice brillant & varié du milieu des airs. Ne sera-t-il pas facile de faire des signaux avec de pareils Ballons, qui, étant observés d'un endroit donné, feroient connoître, par exemple, la direction que devroit suivre le chemin le plus court pour la com- munication de ces deux endroits. Enfin ne pourroit-on pas faire de très petits Ballons, auxquels on donneroit la forme

& la couleur de différens fruits (*a*),
qui étant fervis fur table fous un cou-
vercle d'une vafte terrine ou compôtier
de criftal, s'envoleroient & fe difper-
feroient dans l'appartement, au moment
où quelques parafites voudroient y
toucher?

M. de Montgolfier montra fes effais

(*a*) Un Seigneur Suédois affuroit, dit-on, der-
niérement à Verfailles, que l'on s'étoit fervi dans
fa patrie du même ftratagême pour exciter la
furprife des convives pendant un très grand repas
où il fe trouvoit. Si le procédé dont on avoit
fait ufage dans cette circonftance différoit de celui
de M. de Montgolfier, ce feroit une découverte
agréable de plus, & qui mériteroit bien d'être
conftatée. Leibnitz & Newton trouverent le cal-
cul intégral & différentiel, fans être pour cela taxés
de plagiat. M. Amontons, le Docteur Savary, le
Docteur Papin, imaginerent tous les trois la ma-
chine à feu dans le fiecle dernier, & l'on ne les
accufe point de s'être enlevé leurs découvertes.
Les mêmes befoins ont fouvent fait naître les
mêmes idées.

à M. Defmarets , Membre de l'Académie royale des Sciences , & Infpecteur
des Papeteries du royaume , pendant
le voyage que ce Savant étoit allé faire
à Annonay , pour y examiner les manu-
factures dont je viens d'avoir l'avantage
de vous parler. M. Defmarets prévoyant
l'utilité d'une pareille découverte , invita
M. de Montgolfier à faire des expériences
en grand , & à faire conftater leur
fuccès par des perfonnes en place , pour
prendre date & mériter un jour les
grâces du Monarque bienfaifant qui
nous gouverne. Ce confeil fut fuivi. Le
procès-verbal des expériences faites à
Annonay ayant été remis à l'Académie
des Sciences de Paris , & cette découverte s'étant ébruitée , M. de Montgolfier
s'eft rendu à Paris à l'invitation de plufieurs Savans pour répéter fes expériences. M. Faujas de Saint-Fond , Membre du Mufée de Paris & ami de M.
de Montgolfier , & réfidant dans cette

capitale, à qui nous devons l'histoire
des volcans éteints du Vivarais, n'a
rien négligé pour hâter & même décider
leur succès. Si je voulois, Madame, vous
nommer les autres Savans qui ont pris
le plus vif intérêt à cette découverte,
ma Lettre, déja trop longue, le seroit
bien davantage par cette seule nomen-
clature (a). Celle-ci trouvera vraisem-
blablement sa place dans l'histoire que
l'on fera peut-être un jour de cette
découverte, destinée à faire époque
dans ce siecle.

Vous me demanderez peut-être,
Madame, comment de pareils Ballons
peuvent s'élever dans les nues, tandis
que tous les corps sublunaires sont pré-
cipités vers la terre par cette force
que l'on appelle *gravité* dont nous igno-
rons la cause, ou par une espece de

_____

(a) Je me contenterai de citer M. Dufourni;
M. Pilatre de Rosier, M. Charles, &c.

magnétisme

magnétifme ou attraction quelquefois funefte aux fronts & aux nez de vos jolis enfans, lorfqu'ils courent trop vîte & fans précaution dans vos délicieux jardins de Sorgue. Je vais avoir l'honneur, Madame, de vous en donner la raifon.

Les fluides, c'eft-à-dire ces corps qui, de même que l'air, l'eau, le vif-argent, &c. ne réfiftent point à la divifion, tendent tous à fe mettre de niveau, parce que leurs parties ne font autre chofe que des globules infiniment petits qui font fans adhérence les uns avec les autres. Cette mer (*a*) qui baigne ces contrées qui fe glorifient de vous avoir vue naître, eft en vain élevée jufqu'aux cieux par les fiers Aquilons & par les Autans déchaînés. Lorfque cette caufe impétueufe qui troubloit fa

_____

(*a*) La mer Méditerranée, qui baigne les côtes de la Provence qui eft la patrie de Madame la Marquife de Brantes.

C

tranquillité ceſſe, ſes vagues s'applaniſ-
ſent, & cette mer ne devient plus qu'un
criſtal immenſe & limpide. Les Néréides
& les Sirènes y confidèrent leurs appas,
& le briſent en ſe précipitant dans les
abîmes qu'il couvre, lorſqu'elles les
voient effacés par les vôtres. Si un
globe plongé dans ces eaux peſe moins
qu'un autre globe de même diametre
que l'on ſuppoſera de ce fluide, les
globules qui l'environneront le ſoule-
veront juſqu'à la ſurface de l'eau, par
l'effort qu'ils feront contre lui & pour
reprendre leur premier niveau. C'eſt
cette cauſe qui ſoutient les vaiſſeaux ſur
les mers; c'eſt elle qui ſoutenoit Léandre
dans le long trajet de mer qu'il faiſoit
chaque nuit à la nage (a) pour aller

_____

(a) On pourroit demander comment l'homme,
qui peſe plus qu'un égal volume d'eau, peut
nager. On répond que le mouvement de ſes bras
& de ſes pieds contribuant à élever les colonnes d'eau
qui l'environnent, celles-ci deviennent pour cette

voir Héro ; c'eſt pour en avoir été trahi, que cet amant trouva au fond de l'Helleſpont ce ſort funeſte qui le ren-

---

raiſon plu longues que les colonnes qui ſont ſous lui & par conféquent plus peſantes, parce qu'elles péſent toutes en raiſon de leur hauteur. C'eſt en partie ce poids, cette réſiſtance des colonnes (1), qui ſoutient ſur l'eau ceux qui nagent. La grande quantité d'air qu'aſpire un nageur, contribue beau-

---

(1) L'obſervation ſuivante prouve facilement que les colonnes ou les molécules des fluides ſe balancent réciproquement, indépendamment de ce que l'on vient de dire. Si l'on perce un tonneau plein de vin ou de toute autre liqueur près du fond, le vin ne coulera pas, à moins que l'ouverture ne ſoit très large. La raiſon de cette ſingularité eſt fondée ſur ce que l'air extérieur ſoutient la liqueur qui tend à s'échapper du tonneau, & qu'elle peſe moins que la colonne d'air qui ſe balance avec elle, parce que celle-ci n'a pas la hauteur ſuffiſante ; mais ſi l'on fait un petit trou ou dans la partie ſupérieure du fond du tonneau, l'air qui peſe latéralement par cette nouvelle ouverture ſur la liqueur, agit ſur elle avec preſque autant de force que cette colonne qui empêchoit cette même liqueur de ſortir : l'équilibre s'établiſſant alors entre ces deux colonnes d'air, le vin coule par ſa propre peſanteur.

dra toujours fi intéreffant à ceux qui militent fous les drapeaux de l'Amour. Il en eft de même dans l'air : les Bal-

---

coup à diminuer fa pefanteur fpécifique ou relative.

Les plongeurs defcendent dans l'eau comme tous les autres hommes, parce que leur corps eft fpécifiquement plus pefant que l'eau, comme on vient de le dire ; mais ils remontent par la verticale en frappant la terre avec le pied, ce qui diminue pour le moment leur pefanteur refpective, & parce qu'ils font fecondés enfuite par les colonnes latérales d'eau, qui s'efforcent de reprendre leur premier niveau.

On demandera encore pourquoi les poiffons demeurent fufpendus dans les eaux & même immobiles ; enfin comment ils y montent & defcendent avec autant de facilité. Les poiffons ont dans leur corps une veffie, qu'ils rempliffent d'air quand ils veulent devenir plus légers, & dont ils le font fortir lorfqu'ils veulent devenir plus lourds ; frappant enfuite l'eau avec leur queue, ils montent & defcendent, avancent, tournent à gauche & à droite, felon leur volonté.

On pourroit profiter de cette circonftance pour

lons aéroftatiques y pefent moins quand ils font remplis d'air inflammbable ou de fumée de paille humide, que s'ils

---

favoir la raifon pour laquelle plufieurs animaux, fur-tout les quadrupedes, nagent avec plus de facilité que l'homme. On répondra que lorfqu'un quadrupede nage, il peut tenir fa tête fur l'eau fans fortir prefque de fon attitude naturelle & fans faire un grand effort : mais l'homme qui plonge defcend d'abord la tête la premiere ; & quoiqu'il puiffe nager avec facilité pour ne pas aller au fond, il eft cependant obligé de tenir fa tête en arriere pour voir 1°. la route qu'il doit fuivre, 2°. pour refpirer avec aifance.

C'eft par un raifonnement pareil à celui que l'on vient de faire pour expliquer comment les hommes & les animaux peuvent, en nageant, fe foutenir fur l'eau, que l'on peut rendre compte de la maniere dont les oifeaux, qui font plus pefans qu'un égal volume d'air, peuvent voler & fe foutenir dans les airs. Pendant le cours de cette opération, ils dilatent leur poitrine par la grande quantité d'air qu'ils afpirent ; l'extenfion prodigieufe qu'ils donnent à leurs ailes & à leur

étoient pleins d'air atmosphérique ou commun ; ces Globes doivent donc monter jusqu'à ce qu'ils trouvent un air assez rare pour faire équilibre avec ce gas dont ils sont remplis, étant une fois abandonnés à la seule pression de l'air, qui, de même que tous les autres fluides, tend à reprendre son premier niveau.

Il n'y a rien, Madame, d'aussi naturel ni d'aussi simple que la découverte de M. de Montgolfier ; mais il

queue augmente leur volume (1), & diminue par conséquent leur pesanteur spécifique. L'air frappé par leurs ailes devient un point fixe, qui leur fournit le moyen d'avancer, de monter ou de descendre.

(1) Les scaphandres, les vessies les ballons de ferblanc, les citrouilles, les faisceaux de jonc dont se servent quelquefois les nageurs pour se soutenir sur l'eau, ne produisent cet effet que parce qu'ils augmentent leur volume. Il en est de même des vaisseaux, des barques, des bateaux, &c.

falloit la faire. C'est précisément l'histoire de l'œuf de Christophe Colomb (a). Ce célebre Navigateur, indigné de ce que certains courtisans n'attachoient aucun prix à la découverte qu'il venoit

---

(a) Christophe Colomb , Génois de nation , naquit à Savone , petite ville & port de mer de l'Etat de Gênes , où l'on montre encore la maison qui le vit naître. Il découvrit l'Amérique en 1492 , sous le regne de Ferdinand & d'Isabelle , Rois d'Espagne , en cherchant une route beaucoup plus courte que celle que l'on connoissoit , pour aller aux Indes orientales. La premiere terre qu'il apperçut fut l'isle de Guanahami , à laquelle il donna le nom de S. Salvador qu'elle porte aujourd'hui. Améric Vespuce , Florentin , publia les premieres cartes des découvertes faites par Christophe Colomb , & par une inconséquence dont on auroit beaucoup de peine à rendre compte , on appela de son nom ce vaste pays dont il n'avoit fait que tracer le tableau. La postérité plus équitable rendra toujours justice à Christophe Colomb , & admirera également son intrépidité , sa constance & son zele pour les progrès de la Navigation.

de faire du nouveau Monde , *qu'ils
auroient* , difoient-ils , *trouvé avec la
plus grande facilité* , voulut fe vénger
de leur baffe ingratitude , en les cou-
vrant à jamais de ridicule. Il leur pro-
pofa donc de faire tenir un œuf fur
une de fes pointes , affurant à ces merveilleux qu'il en viendroit à bout , fi leurs
tentatives devenoient inutiles ; chacun
d'entre eux effaya en vain de réfoudre
ce fingulier problême de ftatique. Leurs
efforts étant inutiles & ces Meffieurs
avouant leur ignorance , Chriftophe
Colomb prit l'œuf en brifa la pointe
fur la table , & l'œuf fe tint debout.
Ce n'étoit que cela ? s'écrierent ces Seigneurs. *Oui , Meffieurs* , leur repartit le
fameux Navigateur , *mais il falloit le
faire.* Cette anecdote pourra peut-être
encore avoir fes applications.

Le fpeftacle dont je viens de jouir ,
Madame , n'eft point une vifion. Il
eft vrai qu'il fe préfente fous la même

apparence aux perfonnes qui ne
font pas prévenues de cette découverte. En effet, quoi de plus merveilleux, de plus impofant & de moins
vraifemblable, qu'un Globe immenfe
d'azur, femé de fleurs de lis, orné
de feftons & des chiffres du Roi re-
hauffés d'or, qui s'éleve avec une ra-
pidité incroyable dans les nues, joue
avec les vents, fe balance dans les
plaines des airs en traînant après lui
un grand nombre de poids très lourds,
une cage remplie d'un mouton, d'un
coq, d'un canard & d'une botte de
foin, le tout accompagné d'un barometre bien empaqueté, dans la crainte
d'une chûte? Cependant rien n'eft plus
certain que ce fait merveilleux. L'Eu-
rope favante s'en occupera dans peu;
des faifeurs de projets folliciteront des
privileges exclufifs pour des poftes
aériennes; & l'on pourra bien dire avec

Ovide (*a*): *On fera maintenant plu-*
fieurs chofes que l'on regardoit autrefois
comme abfolument impoffibles.

_____

(*a*) *Plurimam jam fient quæ fieri poffe negabant.*

J'ai l'honneur d'être, Madame, avec
les fentimens les plus refpectueux,

Votre très humble & très-
obéiffant ferviteur,
PINGERON.

Verfailles, ce 22
Septembre 1783.

N. B. L'Auteur de cette Lettre ne s'eft appefanti
fur les petits détails, que pour fournir à ceux qui
voudroient répéter l'expérience qui en a fait le fujet,
toutes les inftructions qu'elle exige pour réuffir auffi
complettement que celle qui vient d'être faite à
Verfailles devant le Roi & toute la Cour,

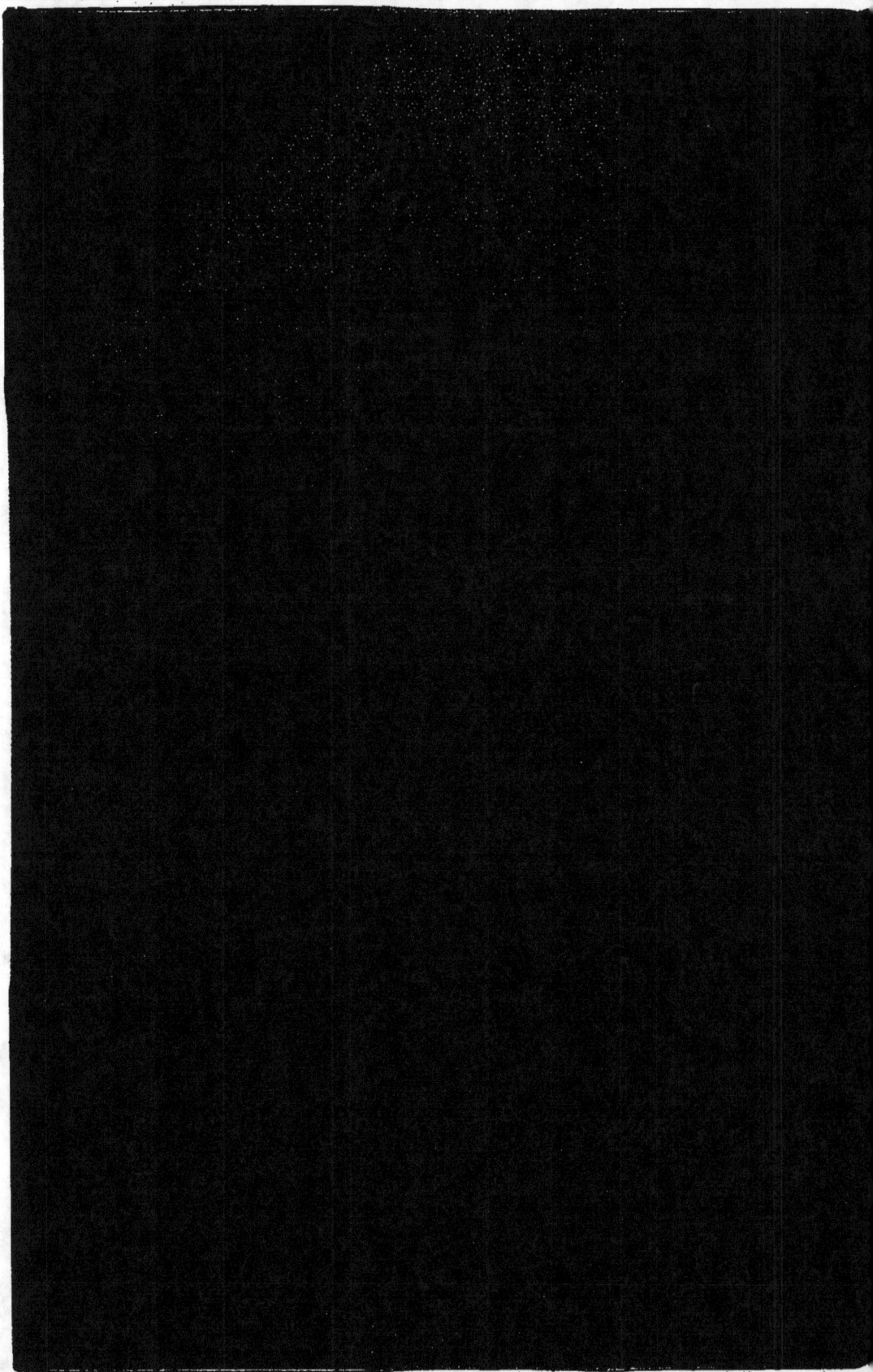

www.ingramcontent.com/pod-product-compliance
Lightning Source LLC
LaVergne TN
LVHW052011080426

835513LV00010B/1167